Estamos aquí

Dona Herweck Rice

Asesor

Sean Goebel, M.S.
University of Hawaii
Institute for Astronomy

Créditos de publicación

Rachelle Cracchiolo, M.S.Ed., *Editora comercial*
Conni Medina, M.A.Ed., *Gerente editorial*
Diana Kenney, M.A.Ed., NBCT, *Editora principal*
Dona Herweck Rice, *Realizadora de la serie*
Robin Erickson, *Diseñadora de multimedia*
Timothy Bradley, *Ilustrador*

Créditos de las imágenes: Portada, pág.1 NASA;
pág.5 archive AF/Alamy; págs.7, 8, 10, 16, 17, 20, 22, 24,
26 iStock; págs.28, 29 J.J. Rudisill; págs.2, 4, 11, 13, 14, 19,
20, 21, 22, 23, 31, 32 NASA; págs.7, 14, 15, 16, 17 Timothy
J. Bradley; las demás imágenes cortesía de Shutterstock.

Teacher Created Materials
5301 Oceanus Drive
Huntington Beach, CA 92649-1030
http://www.tcmpub.com
ISBN 978-1-4258-4702-9
© 2018 Teacher Created Materials, Inc.
Printed in Malaysia. THU001.8400

Contenido

¿Quién en el mundo?

En el mundo del Dr. Seuss, diminutos habitantes llamados "Quiénes" viven en Villaquién. Villaquién se encuentra dentro de una mancha de polvo que descansa sobre una pequeña flor en el planeta Tierra. ¡Imagina que pensarían los Quiénes si tuvieran una idea del tamaño del mundo que se encuentra más allá del suyo! Imagina lo que sería ser como una diminuta mancha *en* una mancha, más pequeña de lo que el ojo puede ver. Los Quiénes solamente conocen su mundo. Pero existe un mundo más allá de lo que ellos pueden imaginar o ver.

La verdad es que la visión del mundo de un Quién no es muy diferente de nuestra visión aquí en la Tierra. De hecho, incluso en comparación solamente con nuestra galaxia, somos mucho más pequeños que cualquier Quién. ¡Imagina cómo nos veríamos en comparación con el **universo**!

Nosotros vivimos en la galaxia Vía Láctea.

Miles y miles de millones

Nuestro Sol es una de las al menos 200 mil millones de estrellas que se encuentran en la galaxia Vía Láctea. ¡Y se calcula que la Vía Láctea es una de al menos 100 mil millones de galaxias del universo!

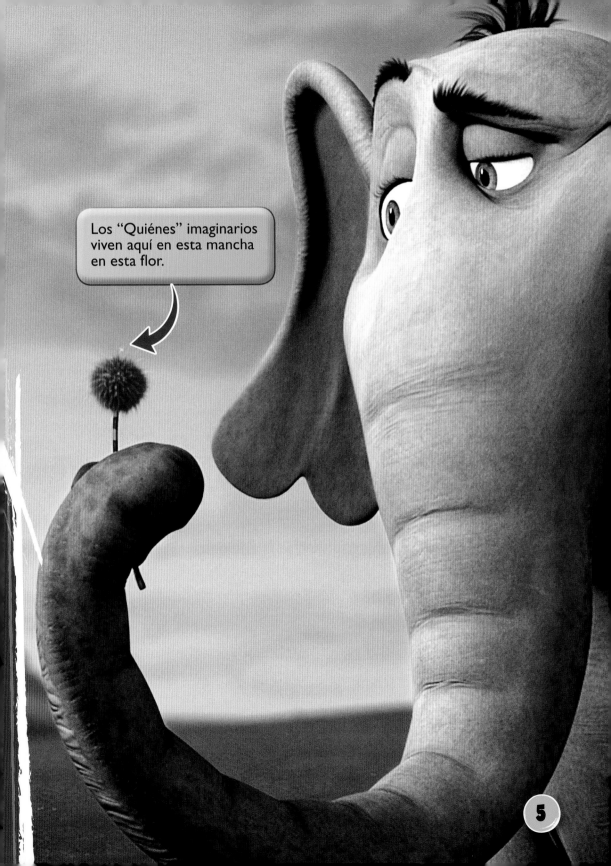

¿Qué tan grande es el espacio?

Todos sabemos que el espacio es grande. ¿Pero qué tan grande es?

¿Recuerdas a Buzz Lightyear cuando decía "Al **infinito** y más allá"? Tenía razón. ¡El espacio es infinito! Los científicos creen que no hay fronteras en el espacio. Y que el universo se **expande** todo el tiempo.

Todo lo que ves en el mundo tiene un comienzo y un final. Observa el dedo gordo de tu pie. Solamente ocupa determinado espacio. Tu cuerpo tiene piel para demarcar sus límites. La circunferencia de la Tierra mide alrededor de 40,000 kilómetros (25,000 millas). La distancia entre la Tierra y el Sol es de aproximadamente 150 millones de km (93 millones de millas). Pero ¿cuál es la distancia desde el Sol hasta el borde del universo? Simplemente digamos que no puedes llegar allí. Nunca. No hay "allí" en ese lugar. El espacio se extiende más y más y más allá y... entiendes la idea.

> La luz demora 8 minutos y 20 segundos en llegar a la Tierra desde el Sol.

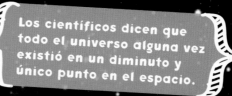

Los científicos dicen que todo el universo alguna vez existió en un diminuto y único punto en el espacio.

Nuestra pequeña esquina del universo

El espacio que mejor conocemos es el espacio que está cerca del hogar. Se trata de nuestro propio sistema solar.

Nuestro sistema solar tiene ocho planetas. Estos **orbitan** alrededor del Sol. También hay varias lunas que orbitan los planetas. Los **planetas enanos**, tales como Plutón y Eris, también orbitan el Sol.

Eris es el planeta enano más alejado del Sol. Está aproximadamente a 68 unidades astronómicas (68 UA) del Sol. ¡Saca la cuenta! Eso significa que está a más de 10 mil millones de km (6 mil millones de millas) de distancia. Pero por más lejos que Eris se encuentre, ni siquiera se acerca al borde de nuestro propio sistema solar.

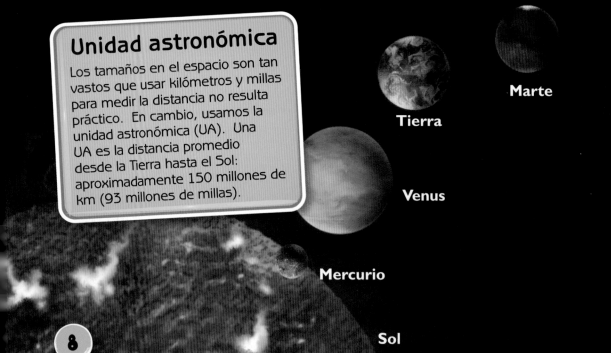

Unidad astronómica

Los tamaños en el espacio son tan vastos que usar kilómetros y millas para medir la distancia no resulta práctico. En cambio, usamos la unidad astronómica (UA). Una UA es la distancia promedio desde la Tierra hasta el Sol: aproximadamente 150 millones de km (93 millones de millas).

Marte

Tierra

Venus

Mercurio

Sol

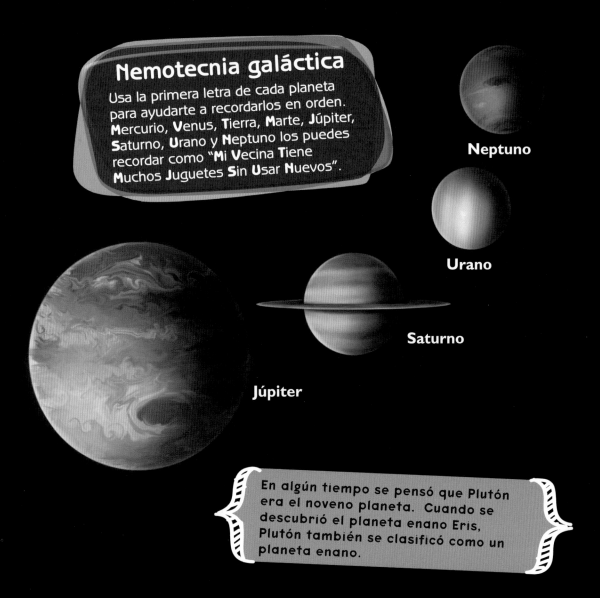

Nemotecnia galáctica

Usa la primera letra de cada planeta para ayudarte a recordarlos en orden. Mercurio, Venus, Tierra, Marte, Júpiter, Saturno, Urano y Neptuno los puedes recordar como "Mi Vecina Tiene Muchos Juguetes Sin Usar Nuevos".

Neptuno

Urano

Saturno

Júpiter

En algún tiempo se pensó que Plutón era el noveno planeta. Cuando se descubrió el planeta enano Eris, Plutón también se clasificó como un planeta enano.

Nuestro sistema solar incluye todo lo que se encuentra dentro de la **gravedad** del Sol. La gravedad es una fuerza de atracción. La Tierra se mueve por el espacio a velocidades superrápidas. Pero estamos pegados a su superficie. No salimos volando ni nos caemos como podrías pensar que lo haríamos. Esto se debe a la gravedad. Todo en nuestro sistema solar se encuentra allí a causa de la gravedad de nuestro masivo Sol.

Nuestro Sol

La Tierra nos parece bastante grande. Pero no es nada en comparación con el Sol. *Masivo* es una buena palabra para describir a nuestro Sol. *Inmenso* también lo sería. ¡Casi 1.3 millones de Tierras entrarían dentro de nuestro Sol!

¿Puedes creer que, en comparación con otras estrellas, nuestro Sol realmente no es gran cosa? Las estrellas se **clasifican** por tamaño, temperatura y color. Nuestro Sol tiene una temperatura aproximada de 5,500 °C (10,000 °F) en la superficie. Eso es caliente, por supuesto. Pero es solamente una temperatura promedio para una estrella. La distancia alrededor del Sol es de aproximadamente 4.4 millones de km (2.7 millones de millas). ¡Eso es grande! Pero igual, no es grande para ser una estrella.

Nuestro Sol puede que no sea supergrande. Puede que no sea supercaluroso en comparación con todas las demás estrellas. Pero para nuestro sistema solar y todo lo que en él se encuentra, ¡el Sol es lo máximo!

Polaris

Polaris, o la Estrella del Norte, es en realidad un sistema de estrellas triple en la constelación Osa Menor. La estrella principal, Polaris A, es seis veces tan masiva como nuestro Sol.

Kochab

Pherkad

Alfa

Polaris

Yildun

Urodelus

Anwar

Los científicos clasifican a las estrellas con un código para compararlas entre sí. Nuestro Sol es una estrella G2V.

Cinturón de Kuiper

Volvamos a Plutón y Eris. Estos, junto con otros planetas enanos, se encuentran en el Cinturón de Kuiper. Esta es un área amplia que encierra en un círculo el Sol y los planetas de la misma forma que un cinturón rodea una cintura. Está formado principalmente de objetos helados y rocosos. El área se extiende aproximadamente 50 UA desde el Sol. ¡Esa es una distancia que para nuestro cerebro es difícil de imaginar, especialmente dado que la mayoría de los adultos nunca viven a más de unos kilómetros de donde nacieron!

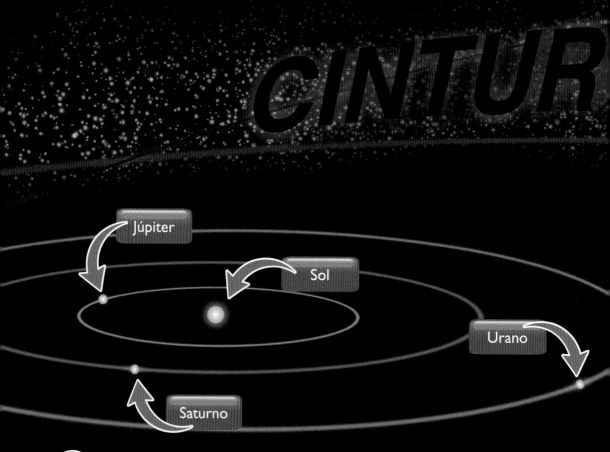

CINTUR

Júpiter

Sol

Urano

Saturno

Pero el Cinturón de Kuiper no es el borde de nuestro sistema solar. Más allá del Cinturón de Kuiper se encuentra un área enorme que se extiende desde aproximadamente 80 UA hasta más de 200 UA llamada la *heliosfera*. Aquí, fuertes vientos solares levantan **materia** del espacio. La masa que crean alcanzan hasta aproximadamente 230 UA desde el Sol.

¡Pero *ese* tampoco es el borde de nuestro sistema solar!

Plutón

Neptuno

Helio proviene de la palabra griega para *sol*.

El sol y los cinco enanos

A partir del 2008, existen cinco planetas enanos en nuestro sistema solar. Estos son Plutón, Eris, Ceres, Haumea y Makemake. Todos los demás planetas enanos excepto Ceres se encuentran en el Cinturón de Kuiper. Ceres está ubicado en el cinturón de asteroides.

Nube de Oort

Antes de avanzar, detente y piensa por un minuto. ¿De qué tan lejos estamos hablando? Piénsalo de esta forma:

Viajar en avión a través de los Estados Unidos lleva aproximadamente seis horas. Es decir, seis horas para atravesar una pequeña área de Tierra. Si un avión pudiera volar desde el Sol hasta Neptuno, este tardaría aproximadamente seis *millones* de horas. Pero incluso así, sería como llegar a la primera parada al baño en un viaje en auto. Todavía faltarían miles de millones de kilómetros y millones de horas.

¿Estás comenzando a hacerte una idea de lo grande que es el espacio?

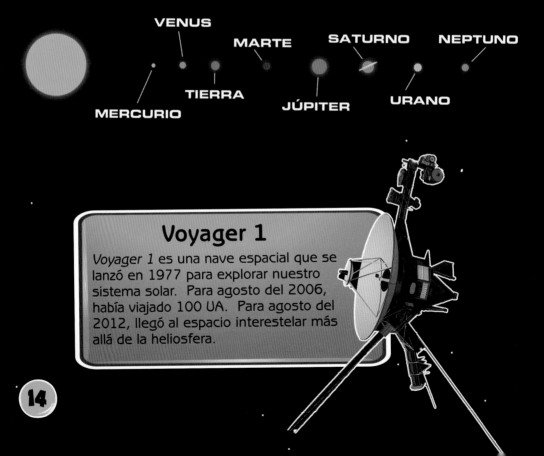

VENUS

MARTE

SATURNO

NEPTUNO

TIERRA

JÚPITER

URANO

MERCURIO

Voyager 1

Voyager 1 es una nave espacial que se lanzó en 1977 para explorar nuestro sistema solar. Para agosto del 2006, había viajado 100 UA. Para agosto del 2012, llegó al espacio interestelar más allá de la heliosfera.

Después del Cinturón de Kuiper, en el borde lejano de nuestro sistema solar, existe un área que nunca hemos visitado. La llamamos la *nube de Oort*. ¡Se extiende a 100,000 UA desde el Sol! No podemos ver la nube de Oort. Pero aparentemente está llena de hielo y gases. Algunas veces, cometas de hielo viajan cerca de la Tierra. Parecen provenir de la nube de Oort.

CINTURÓN DE KUIPER

NUBE DE OORT

Jan Oort

La nube de Oort tiene su nombre en honor a Jan Oort, un astrónomo holandés que hizo muchos estudios importantes sobre la Vía Láctea y predijo la existencia de la nube de Oort.

Atando cabos

Todas las áreas sobre las que hablamos hasta ahora son parte de nuestro sistema solar. Están dentro de la atracción del Sol. La gravedad del Sol es mayor dentro de aproximadamente 126,000 UA. Eso es más o menos la mitad de lo lejos que está la próxima estrella más cercana.

Muchas otras estrellas en nuestra galaxia tienen su propio **sistema planetario**. Se trata de un área en la que los planetas y otros cuerpos orbitan una estrella. Algunos de esos planetas son más grandes que la Tierra. Algunos son más pequeños. Algunos de esos planetas tienen lunas.

Solo en nuestra galaxia, existen al menos 200 mil millones de estrellas. Pero existen miles de millones más de galaxias en el universo. También es posible que haya miles de millones de otros sistemas solares.

Todas esas estrellas hacen que una persona se cuestione lo siguiente. ¿Cuáles son las posibilidades de que haya otro planeta como la Tierra orbitando otro sol?

Año luz

Un año luz es la distancia que la luz puede desplazarse en un año sin que nada se interponga en su camino. Un año luz equivale a aproximadamente 63,000 UA.

¿Vida extraterrestre?

En nuestra galaxia, existen al menos 8,800 millones de planetas que tienen aproximadamente el mismo tamaño que la Tierra y que tienen las temperaturas adecuadas para que haya vida. ¿Es posible que existan los extraterrestres?

Más allá de nuestro sistema solar

En todo el espacio, nuestro sistema solar es como un punto diminuto en un diminuto insecto que un enorme elefante transporta y ni siquiera se da cuenta. En realidad, ni siquiera es un punto. ¡Se parece más a una manchita en un punto de un insecto!

A veces, resulta imposible que ese insecto se dé cuenta de cuánto más hay en el mundo de lo que el insecto puede ver. El mundo es tan grande y el insecto es tan pequeño. *Nosotros* podemos ser como ese insecto. El universo es más grande de lo que podemos imaginar.

La Vía Láctea

Más allá de los bordes de nuestro sistema solar, hay más estrellas y planetas. Las estrellas forman un patrón. Este se parece a un molinete de juguete. En cada brazo del molinete hay millones e incluso miles de millones de estrellas. Nuestro Sol es una estrella que se encuentra en uno de esos brazos. La Tierra por supuesto también se encuentra allí. El molinete se denomina la *galaxia Vía Láctea*.

El sistema de estrellas más cercano más allá de nuestro sistema solar es *Alpha Centauri*. Está a aproximadamente 4.4 años luz de distancia, o alrededor de 275,000 UA.

Materia misteriosa

La mayoría de la masa en la Vía Láctea proviene de una sustancia misteriosa denominada *materia oscura*. La materia oscura es un material que existe en el espacio y que no podemos ver.

nuestro Sol

La Vía Láctea se denomina galaxia espiral por su forma.

Muchas de las estrellas del molinete tienen sus propios sistemas planetarios. Ya sabemos sobre la existencia de miles de estos planetas. Se están descubriendo más constantemente. Todos estos planetas y estrellas son parte de la Vía Láctea. Nuestro sistema solar es una parte diminuta de la galaxia. Y la Tierra es solo un punto diminuto.

En la Vía Láctea, cada planeta orbita su estrella. Pero cada estrella también orbita algo. Las estrellas orbitan un gran **agujero negro** en el centro de la galaxia. El nombre es un poco engañoso. Un agujero negro realmente no es un agujero, y realmente no está vacío. Es un conjunto de materia muy apretada. Su fuerte gravedad no deja que nada se escape. Ni siquiera la luz puede escaparse. El agujero negro en el corazón de la Vía Láctea es 4 millones de veces más grande que nuestro Sol. ¡Pero no te preocupes! Está a 1,764 millones de UA de nuestro planeta. ¡Estamos a salvo de su gravedad!

Al igual que la materia oscura, los científicos no pueden ver los agujeros negros. Pero pueden ver los efectos de su gravedad y calcular dónde se encuentran.

concepto de un artista de un agujero negro

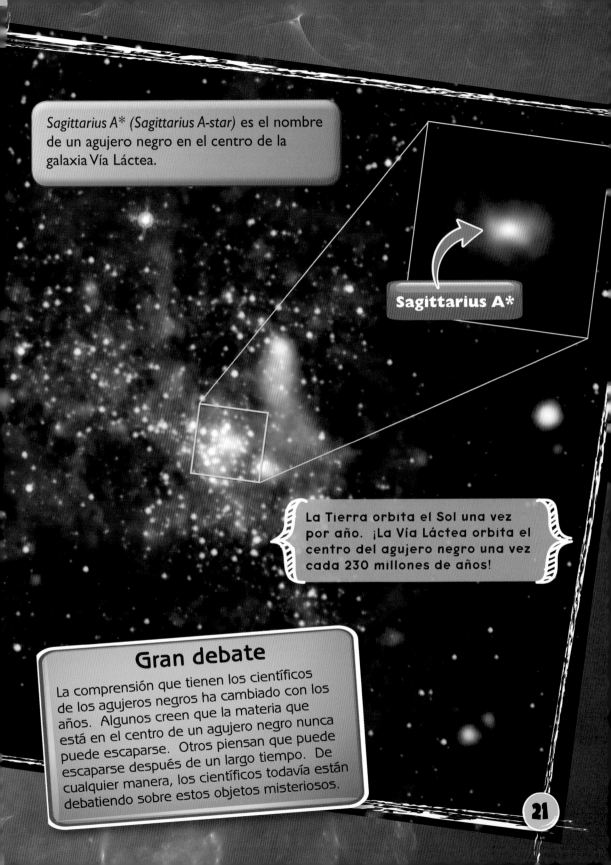

Sagittarius A* (Sagittarius A-star) es el nombre de un agujero negro en el centro de la galaxia Vía Láctea.

Sagittarius A*

La Tierra orbita el Sol una vez por año. ¡La Vía Láctea orbita el centro del agujero negro una vez cada 230 millones de años!

Gran debate

La comprensión que tienen los científicos de los agujeros negros ha cambiado con los años. Algunos creen que la materia que está en el centro de un agujero negro nunca puede escaparse. Otros piensan que puede escaparse después de un largo tiempo. De cualquier manera, los científicos todavía están debatiendo sobre estos objetos misteriosos.

Cambiadores de forma

Las galaxias pueden ser espirales o elípticas, o pueden tener formas únicas como bastones o anillos.

Las galaxias elípticas tienen forma de una esfera estirada. Cuando las miramos en el cielo, parecen óvalos.

Dos tercios de las galaxias son espirales. ¡Nuestra propia Vía Láctea es una galaxia espiral! Tienen un abultamiento en el centro, un disco alrededor del abultamiento y un halo.

Las galaxias lenticulares son como una galaxia espiral, con un abultamiento y un disco. Sin embargo, no tienen la misma forma en espiral.

Las galaxias irregulares no encajan en los otros tipos y, por lo general, no tienen un patrón.

La Vía Láctea es solo una galaxia en un grupo de alrededor de 30 galaxias grandes. Juntas, se denominan el *Grupo Local*.

Todas las galaxias en el Grupo Local orbitan un centro de gravedad. El centro se encuentra en alguna parte entre la Vía Láctea y las galaxias Andrómedas.

Por supuesto, el Grupo Local es enorme. Tiene 630 mil millones de UA de un extremo a otro. (Eso equivale a 10 millones de años luz). Y el Grupo Local es solo uno de los muchos grupos de galaxias en el universo. Cada grupo orbita su propio centro.

Una forma en la que sabemos que el universo se está expandiendo es por cómo se mueven las galaxias. Todos los grupos se alejan unos de otros.

Podemos ver Andrómeda a simple vista, y es más grande que la luna en el cielo.

Andrómeda

Cambio y crecimiento constante

No tenemos que mirar muy lejos para saber que el universo cambia constantemente. Cada cuerpo en el espacio da vueltas alrededor de un centro. Por lo tanto, todo está en movimiento. También podemos decir que el universo está en constante expansión.

En años recientes, las personas han aprendido a enviar máquinas al espacio. Hay telescopios allá. También hay cámaras. Los **satélites** orbitan la Tierra y estudian el espacio. Las naves espaciales como *Voyager 1* se envían al espacio exterior. Se envían para que recopilen información y luego nos la transmitan. También transportan información. De esa manera, si se encuentran con otros seres en el espacio, pueden informarles sobre nosotros.

Navega por el espacio

Puedes visitar la página web **www.nasa.gov** para ver videos e imágenes de exploraciones del espacio. ¡Incluso puedes ver videos en vivo del espacio!

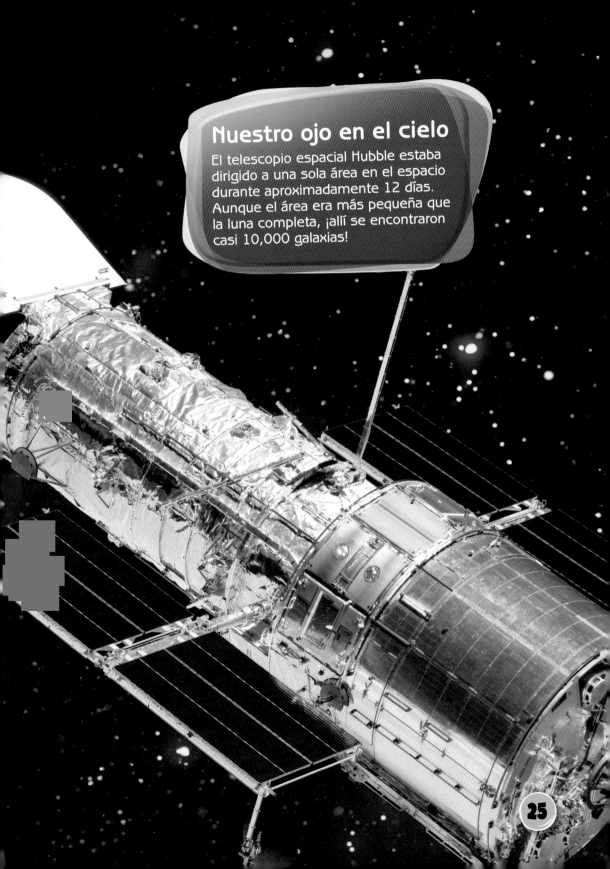

Nuestro ojo en el cielo

El telescopio espacial Hubble estaba dirigido a una sola área en el espacio durante aproximadamente 12 días. Aunque el área era más pequeña que la luna completa, ¡allí se encontraron casi 10,000 galaxias!

Los científicos han aprendido mucho sobre el espacio. Pero lo que sabemos es solo una diminuta fracción de todo lo que hay para saber. Hemos visto una gran parte del espacio. Pero hemos visto solo una diminuta fracción de todo lo que hay para ver. ¡Cuanto más aprendemos, más nos damos cuenta de lo que hay para aprender!

Una cosa que sí sabemos es que es posible para otros sistemas planetarios crecer y sustentar la vida. Con todos los miles de millones de estrellas y planetas, tiene sentido que en algún lugar por allá, se haya desarrollado vida. Aun así, no hemos encontrado signos de vida en ningún otro lugar que no sea la Tierra.

¡Todavía no!

¿Hay alguien
allí?

Piensa como un científico

¿Qué tan grande es nuestro sistema solar? ¡Experimenta y averígualo!

Qué conseguir

- 1 cuenta amarilla grande
- 7 metros (7.7 yardas) de cuerda
- 8 cuentas pequeñas de diferentes colores
- regla de un metro
- tijeras

Qué hacer

1 Imagina que 10 centímetros equivalen a 1 UA. Averigua y convierte la distancia en UA de cada planeta, la heliosfera, y la Nube de Oort.

Cuerpo celeste	UA
Mercurio	0.4
Venus	0.7
Tierra	1.0
Marte	1.5
Júpiter	5.2
Saturno	9.6
Urano	19.2
Neptuno	30
Heliosfera	50
Nube de Oort	100,000

2 Corta ocho trozos de cuerda para que coincidan con las distancias de la escala. Es posible que debas agregar 4 cm a cada cuerda para que te alcance para atar los nudos. (Pista: Distancia de la Tierra = 1 UA = 10 cm).

3 Ata las ocho cuerdas a la cuenta amarilla, que representa el Sol. Decide cuál de las cuentas pequeñas representa cada planeta. Ata cada cuenta a una cuerda para representar los ocho planetas.

4 Encuentra un espacio abierto grande. Sostén la cuenta amarilla. Haz que otras ocho personas sostengan cada una de las otras cuentas.

5 ¿Qué tan lejos debería pararse alguien para representar a la heliosfera y la Nube de Oort? ¿Qué te dice eso sobre el tamaño de tu sistema solar?

Glosario

agujero negro: un área en el espacio con una gravedad tan intensa que la luz no puede escapar

clasifican: se organizan en grupos con cosas similares

expande: aumenta en tamaño, rango o cantidad

gravedad: una fuerza que actúa entre los objetos, atrayéndolos entre sí

infinito: un espacio, una cantidad o un período que no tiene límites o final

materia: todo lo que tiene masa y ocupa lugar en el espacio

orbitan: siguen una trayectoria curva alrededor de otro objeto

planetas enanos: objetos en el espacio que orbitan una estrella pero no han despejado sus órbitas de otros objetos

satélites: objetos en el espacio que orbitan alrededor de objetos más grandes

sistema planetario: un grupo de planetas y otros cuerpos que orbitan una estrella central

universo: todo en el espacio

Índice

*Conversiones de la pág. 29

Planeta o área	cm
Sol	0 cm
Mercurio	4 cm
Venus	7 cm
Tierra	10 cm
Marte	15 cm
Júpiter	52 cm
Saturno	96 cm
Urano	192 cm
Neptuno	300 cm
Heliosfera	500 cm
Nube de Oort	1,000,000 cm

¡Tu turno!

Contar estrellas

En una noche muy oscura, mira las estrellas. ¿Cuántas ves? Hay muchas más de las que observas al principio, y lo que ves es solo la fracción más diminuta de todas las estrellas que existen. ¡Nuestro planeta, y cada uno de nosotros en el planeta, somos un pequeño punto en todo el universo!